Verso&Cuento

Herido diario

RAYDEN

David Martínez Álvarez

Papel certificado por el Forest Stewardship Council®

Primera edición: octubre de 2022

Printed in Spain – Impreso en España

ISBN: 978-84-03-52255-8
Depósito legal: B-13.865-2022

Compuesto en Mirakel Studio, S. L. U.

Impreso en Gómez Aparicio, S.L.
Casarrubuelos (Madrid)

AG 2 2 5 5 8

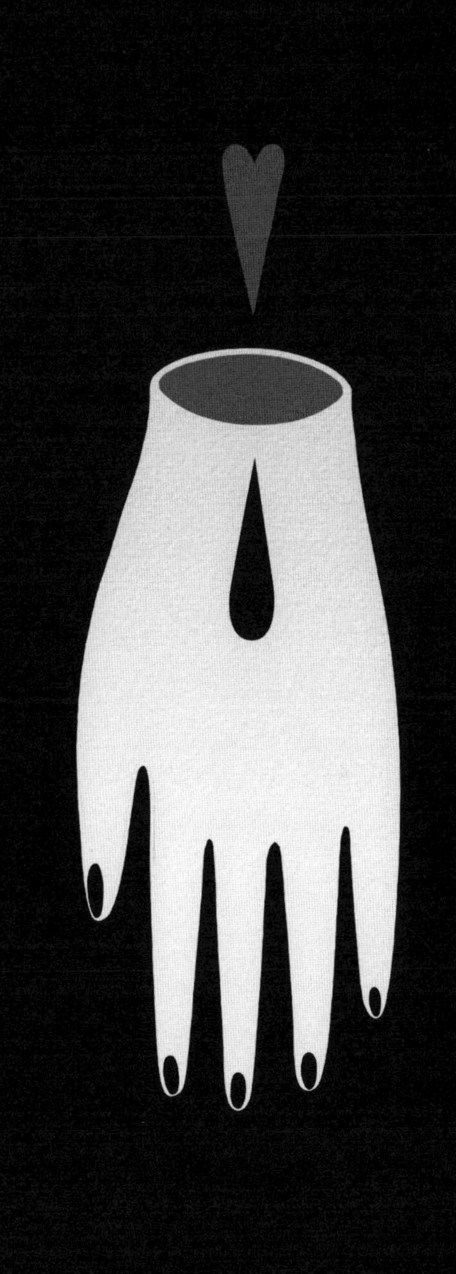

A Nona Reina nuevamente, por ponerle el nombre a este hijo.
A mi hijo, por ponerle apodo a la vida.
A esta herida, por seguir abierta en tus manos.
Y a Beatriz, por poner guirnaldas en cada cicatriz.

¡Los poetas amamos a la sangre! A la sangre encerrada en la botella del cuerpo, no a la sangre derramada por los campos, ni a la sangre derramada por los celos, por los jueces, por los guerreros; amamos a la sangre derramada en el cuerpo, a la sangre feliz que ríe por las venas, a la sangre que baila cuando damos un beso.

Gloria Fuertes

El diario de las veintiocho estaciones después

2015. En 2015 *Cincuenta sombras de Grey* se llevaba el Razzie a peor película. *El gran Hotel Budapest,* el Óscar a mejor banda sonora. Toni Cantó renunciaba a su acta de diputado y a ser candidato de UPyD a la presidencia de la Generalitat Valenciana, «tengo mis principios, por eso sé cómo son los finales», dijo él. Adele volvía a estar malita del corazón y sacaba su nuevo disco titulado *25.* «Hello», dijo Esperanza Aguirre en las elecciones de Madrid a lo que Carmena respondió: «¿Yo? Yo me voy a ir por mis santos...». Miss Universo coronó a Miss Colombia durante dos minutos para, poco después, arrebatarle el título Miss Filipinas; «Pia» se llamaba, pero no dijo ni... La Ley Mordaza entraba en vigor. Ser del Barça solo traía alegrías. *La Gosadera* de Gente de Zona solo traía perreo. El dressgate causó una guerra civil por la foto de un vestido que no se sabía si era blanco y dorado o azul y negro mientras Leticia Sabater estrenaba himen.

En 2015 transcurrieron también las famosas tres leyes de la robótica del relato de Asimov y todo el argumento de *Regreso al futuro 2.* Mariano Rajoy fue golpeado por un chico de diecisiete años que le propinó un puñetazo, descubriéndose más tarde, que resultaba ser el hijo de la prima de la esposa. Melanie Griffith y Antonio Banderas rompían. Blur volvían. Yo sabía por primera vez de la existencia de la que hoy es mi pareja y en TINDER se activaba la función de rebobinado para volver a perfiles anteriores si los usuarios se habían equivocado.

Dosmilquince. Dicho todo junto parece que duele menos. Que lo superé fácil.

En ese año también salió mi primer poemario: *Herido Diario*; un libro donde estaban recapitulados mis primeros poemas enseñables, letras de algunas canciones y reflexiones varias inconfesables. Un libro escrito con la torpeza embrutecida inocente que se compensa con la verdad exultante. Tiros que no daban en la diana, pero acertaban en el muñeco. Poemas escritos con el ritmo del que tiene dotes de baile, pero aún le faltan un par de clases y está domando todavía el calzado.

Hay heridas que no quieres que cicatricen. No por quedarte instalado en la nostalgia sino por el milagro de la vivencia de las primeras veces. Al igual que los huesos que no sueldan rápido, las heridas abiertas a las que se les niega su cicatriz cambian su forma, mutan en otra cosa.

Yo regué una herida, una diaria y, veintiocho estaciones después, este es el resultado. Una revisión de un libro vivo con correcciones y capítulos nuevos.

Ojalá esta herida siga abierta en vuestras manos otros siete años más.

Carta a mi yo de ayer

Me pregunto si me oyes todavía,
si queda algo de ti en mi lejanía.
Yo, que soy el fruto de
tus fallos y virtudes,
tus derrotas y victorias,
tus aciertos y manías,
la suma de tus noches y reproches,
de tus días,
la resta de tus gestas,
de tus idas y venidas.
Por si me contestas a preguntas con preguntas,
te diré que hay respuestas
que no serán respondidas.
Que sepas que la ira caduca, pero contamina,
que no hay camino,
sino estela de los que caminan sin quitamiedos,
que te podrás llevar el palo de tu vida
o llegar a donde nadie llegó ni en sus sueños.
Que no hay imposibles, solo improbables,
para que cobardes
no se atrevan, presos por el miedo.
No dejes que nadie te diga
que no hagas esto o aquello,

que no sirves ni que vales,
porque vales más que ellos.
No quieras compararte.
Nunca es demasiado tarde
para que alguien rectifique.
Que la gente ya no busca espejos donde mirarse,
solo malos ejemplos que los justifiquen.

Que la línea que más cuides sea
la de tu sonrisa y que sea
más curva cuanto más la cuides
y que todo el que te mire vea
que la vida se mide en los momentos
en los que te sientes vivo, así que vive.

Trata de decir siempre lo que sientes
y haz siempre lo que piensas realmente.
No digas todo lo que piensas,
pero piensa todo lo que dices.
Diferencia entre gente normal y la corriente,
que los amigos y amores vienen y van,
pero solo los verdaderos al final se quedan.
Que jamás cambies lo que más ames en la vida
por lo que en el momento deseas.
Se pasa y la vida es pasajera.
No prometas feliz, no respondas enfadado
ni decidas con el día gris.
Perdona rápido, agradece lento,
quiere de verdad contento

y nunca dejes que no te vean reír.
Duerme menos y sueña más:
sueña despierto y con ojos abiertos,
los sueños se hacen realidad.
Que las mejores cárceles no tienen vallas
y los peores ángeles no tienen alas,
pero saben volar.
Da y no des nada por supuesto.
Siempre se está a tiempo
de esbozar un *perdón, lo siento.*

Que perder es otra forma de ganar
y en este mundo superficial
lo que importa está a cubierto.
Que no hay dolor ni error que no enriquezca,
como la piedra con la que tropiezas y repites,
por eso pide que te quieran
cuando menos lo merezcas;
posiblemente sea cuando más lo necesites.

Que quien te quiere también daña,
porque hay miradas que lo dicen todo
y ojos que no dicen nada.
Que se coge antes al cojo,
ya que un mentiroso
también es un hombre de palabra.
Que la apariencia engaña,
y a veces la mayor sonrisa
esconde tras de sí una doble cara.

Que todo lo bueno y lo malo se acaba,
por eso disfruta como si no hubiera mañana.

A mi yo de ayer:
lo siento si no fui lo que quisiste ser.
Te juro que lo hice lo mejor que supe hacer.
Intenté crecer feliz en este mundo cruel.
Quise cambiar el planeta al llevarlo al papel,
aunque sea con mala letra para hacer el bien.
Esto sé que no es gran cosa, pero has de saber
que el día de mañana podrás ponerte en mi piel...

Otoño

Viaje a Roma

El viaje no podía empezar de peor manera:

—Hay otro. Ya no te quiero —confesó Paula, y esas diecinueve letras fueron el peaje más caro que tuvo que pagar Alberto en toda su vida.

Él había estado ahorrando durante todo el año, haciendo horas extras, para poder regalar a su pareja esas vacaciones obligadas y merecidas: una bombona de oxígeno para una relación amoratada y ahogada por la rutina, por el estrés y por el poco tiempo que pasaban juntos, pero ya no revueltos.

En ese mismo instante, el coche se detuvo abandonado en mitad de la carretera al *nosotros*, y de ahí en adelante hicieron caso omiso a todos los autoestopistas del camino: al que portaba un letrero con dirección a «nuestro piso», al que iba rumbo a «nuestra boda»..., como también ignoraron al que buscaba cómo llegar a «nuestro primer hijo». Porque, aunque el coche era de siete plazas, ya no había sitio entre ella, él, un corazón roto, unos labios pegados, las verdades que se quedaron por decir y un *quédate* que nunca se dijo.

A mediados de julio el paisaje se tiñó de invierno. Los girasoles que los acompañaban durante todo el viaje se volvieron dientes de león que explotaron a su paso en mil deseos no cumplidos.

Se convirtieron en tundra, en olvido. El cielo, azul, se asfaltó: se convirtió en cemento; cementerio.

Desesperado, intentó hacer un alto en el camino para repostar una relación que estaba en sus horas más bajas, con el indicador en reserva y las luces de emergencia... Se llevó la hostia de su vida, y no saltó ni el airbag.

Volvieron a entrar en el coche. El silencio se hizo copiloto y —como por todos es bien sabido—, indica mal y no sabe leer los mapas, por lo que mandó a la pareja al borde del precipicio. Alberto buscó un desvío, pero solo encontró atajos y, rendido, cayó en la cuenta de que, si todos los caminos llevan a Roma, un cambio de sentido sería salir del amoR. Sería como elegir entre morir en vida o vivir un suicidio.

Estrella fugaz

Hasta el daño y la maldad
son aptos para el comercio.
Vi algo fugaz,
cerré los ojos y pedí un deseo

... necio.

Solo era mi corazón,
que se iba despidiendo
de años de oscuridad
a la velocidad del silencio.

Mamachicho

Hora de la siesta...

Despiértenme
cuando se valore más
a las personas por su contenido
que por su cubierta.
Ojalá no hubiera nacido influido
por diosas de la pantalla,
musas de la cosmética,
modelos de portada
y demás etcéteras.
Hablo de la verdadera belleza
cuando solo soy
otro hipócrita más
por cuya vida
solo han pasado
mujeres que quitan el hipo,
caras bonitas que —en su mayoría—
la única huella que han dejado en mí
ha sido la de su carmín
derrapando en mi piel
como en un circuito.

Yo,
que de pequeño fui
blanco de burlas
por mi aspecto físico,
por ser el *gordito,*
he crecido, y parece que ahora
solo busco a las mismas mujeres,
con distintos nombres.
Al mismo prototipo.
Si mi yo de niño me viese ahora,
me preguntaría
quién cojones de los dos
es el más maduro
y cuál el más chico.

Ojalá amase con los ojos del corazón
o como ama un ciego:
sin canon de belleza de por medio,
pero soy otro hombre más
al que se le cae la baba
con Shannyn Sossamon,
Angelina Jolie
o Scarlett Johansson en *Under The Skin.*
Otro más del montón.
Pero lo mismo ven de mí:
un personaje con una cara normal,
tapada con una barba mal cuidada
y unas gafas de sol sin limpiar,
que sube a un escenario

buscando ocultar bajo los focos
la inseguridad que le espera al bajar.

Ojalá me viesen
con los ojos de la razón
o como mira un ciego:
sin prejuicios de por medio,
sin caparazón.
Ojalá me viesen
con la intuición de los oídos sordos
o con la escucha de los aprendices,
sin expectativas sobre miedos,
sin armazón.

El pregonero

Todos somos inmortales
mientras no se demuestre lo contrario,
dijo el muerto en vida,
siendo él mismo su sicario.
Se compró por soberbia,
se vendió por un gramo
y cambió los otros veinte restantes,
contantes y sonantes, por pasado.

Suele pasar,
muchos se empeñan en vivir
cada día como si fuera el postrero,
pero pocos lo afrontan
como si fuese el primero,
y así se convierten en figurantes
de su propio teatro,
y así se elige a los últimos
para el partido en el recreo.

Lentes de sintacto

Tan malo es cegarse de amor
como de desamor:
uno no deja ver
lo que tienes delante;
otro hace que te pierdas
lo que tienes alrededor.

Whatsapp

—Cuando temas un momento, ámame.

—Hola, visa, dime por aquí,
que ahora no te puedo amar, estoy ocupada.

—Te noto cría conmigo; te ha pagado algo y
no me digas que no...

—No sé cómo decirte esto, pero he conocido a
otro y lo hiero.

—¿Cómo puedes ser tan punta? Y decías que
me herías...

—Lo miento, de verdad, no quería hacerte
daño.

—¿Ha merecido la pena tirar todo lo muerto
por la borda por un polvo de muestra?
No me vuelvas a ver en tu viuda...

(Luto WhatsApp,
Ni el predictivo del móvil apostaba por nosotros,
algo se dolía...).

Platos chinos

A veces visualizo
a los falsos amigos
como malabares con platos chinos:
quieren que los levantes,
que los sujetes mientras
giran a tu alrededor,
pero son tan inestables
que cada vez
necesitan más y más atención
hasta que, inevitablemente,
se terminan cayendo
y pretenden que pagues
los platos rotos,
acusándote de que
no los cuidaste lo suficiente
y que lo hiciste adrede,
queriendo, con ademán hiriente.
Pues se siente...

Yo nunca presumí
de ser malabarista,
como mucho, de ser artista.
Y, como de todo se aprende,

aprendí que los verdaderos amigos
no tienen por qué tener siempre
un palo metido en el culo.
Los hay que pagan la cuenta a medias,
aunque cojas de su plato,
y avisan cuando hay
una mosca, un interesado
o un pelo en el tuyo.

Tengo pocos amigos
y muchos amagos,
así que, a partir de ahora,
los que vengan de nuevas
que traigan cubiertos,
vasos y platos de plástico
para tener ocupadas
las malas lenguas,
para ayudar a pasar los malos tragos.

Definición eTIMOlógica

Se escribe «político»,
se lee «imputado».
Son hijos de puta, sin comillas.

No rima, pero no deja de ser verdad.

Malaria

Nunca le desearé el mal a nadie;
hay males que son indeseables,
males con nombre y apellidos,
males innombrables,
males con paraísos fiscales,
males subversivos,
males con escaños,
con esclavos,
con esquivos,
males con placa,
con corbata,
consentidos,
males con sotana,
males pederastas,
males homófobos,
xenófobos,
reprimidos,
males en la banca,
males en obras sociales,
males que roban con preferentes
y desahucian familiares,
males con orden de alejamiento,
males maquillados,

encubiertos,
males que levantan la voz,
la mano
y ejercen sufrimiento,
males que recortan libertades,
males que matan en son de paz,
males que desolan tierras
y etnias por petróleo,
Trump,
males con enchufe,
males con nombre de compañía eléctrica,
males con inmunidad diplomática,
males sin moral ni ética,
males que censuran y vetan,
males opacos que dicen que soy ETA,
males con sobres,
malos de sobra,
manos que obran con negras tarjetas,
males que venden enfermedades
y crean remedios,
males virales,
males de muchos,
males de tontos,
males que escucho que aceptan sobornos,
males de adorno,
males que intentan que se prohíba el aborto,
males malnacidos,
males de cuna,
males de altura,

altares, divorcios,
males que generan audiencias,
males en teles,
males que salen,
males con bienes,
males que evaden,
males compadres,
Bush, Bin Laden,
males que impiden,
miles de males que no hacen honor a su nombre,
males que atropellan
y no hay quien los pille,
Botella, Ayuso, Cifuentes, Aguirre.

Nunca le desearé el mal a nadie;
hay males que son indeseables,
males que merecen ser erradicados.

Firmado: Alguien

Ver para crecer

Nunca vi corderos acariciando al lobo
ni peces abrazando al tiburón.
Creía que en vida lo había visto todo
hasta que vi a Abascal
siendo aplaudido en Colón.

Callejero

Solo recuerdo de aquel día
que quedamos en SOL y estaba nublado,
que no paraba de decirme
que le contara algo
cuando cruzábamos CALLAO,
que hablamos de viajes
y vacaciones subiendo por BARCO
para tomar algo en La Bicicleta,
que, volviendo, me di cuenta
de que eso no iba a ningún lado,
por lo que me despedí de ella
en la esquina con Desengaño
y bajé por la calle Salud...
automedicado.

Final del otoño

El amor, su fractura y su factura.
Pagué su deuda con el beneficio de la duda.
Las escenas de cama contigo eran de cine,
pero prefiero citas de poesía y de litera... tura.
Yo siempre fui de finales felices,
de epopeyas, de doncellas y sus directrices,
porque creí más en
malas actrices que en estrellas.
Por eso, en ellas, dejé huellas más que cicatrices.
A ver si dejo de pensar con el corazón
y siento más con la cabeza.
A ver si siento la cabeza o la levanto
viendo que me faltan piezas y me sobran santos.
Pagué caro ser buena persona.
Seguro me cobraron intereses por demora.
Y es que el tiempo no perdona.
Qué paradoja el alma soñadora,
que tiene menos horas de sueño
y más sueños por hora.

...Y ahora

vinieron veranos,
se fueron inviernos.
Por fuera nevado,
por dentro lloviendo.
Cayó sobre mojado,
secando el sufrimiento,
a veces demasiado.
Caprichos de entretiempo.
Prudente tú,
prudente yo.
Cobardes a dos
cuando dijimos adiós.
Prometimos amor eterno,
que duró un momento
y cambió de color
cuando el cielo fue cemento.

Invierno

Monogamia

Llevo unos días con una idea que me ronda en la cabeza y he llegado a una conclusión tan bonita como triste: me he dado cuenta de que la única pareja que he tenido, tengo y tendré hasta el final de mis días es la escritura. Y no es malo, solo chocante.

La sociedad nos hace creer que somos la mitad de algo y que necesitamos encontrar nuestra media naranja, exprimirla, multiplicarnos y crear otras mitades que busquen a su vez a su otra mitad, pero sin encontrarse a ellos mismos.

Yo sigo entero de momento, sin necesidad de buscar a nadie más que a mí mismo, solo tengo a la escritura. A veces, desnuda en forma de prosa. Otras, maquillada de poesía. Y el resto, vestida de música.

Siempre he sido sincero con ella. Le he sido fiel aunque sea chica de compañía o hayamos hecho tríos, compartiendo cama con otras. Le he dedicado toda mi atención, he sabido escucharla. Ella es lo primero que pasa por mi mente y lo último que sale de mis labios. No ha cambiado mi forma de ser con ella cuando estoy con mis amigos. Y ha sido mi retén de descanso o mi punto de apoyo en lo bueno y en lo malo.

Ella no es celosa, pero se hace valer, y siempre la he respetado sin forzar nada y sin ir rápido en nuestra relación.

Con ella puedo fluir, porque sabe ver mi persona y no le ciega mi personaje.

Separación de males

No es malo amar tu sueño,
lo malo es divorciarse de la realidad,
casarse con la incertidumbre
y tener celos del miedo.

En mi cabeza

En mi cabeza
están todos tus olvidos,
la lista de los sueños incumplidos,
poemas de amor en ediciones de bolsillo
y una silla musical que chilla
hasta que calle el ruido.
Objetos perdidos, sentimientos encontrados,
y carteles de *se busca*
con tu nombre entre los más buscados.
El mapa de tu cuerpo si emprendo el viaje
del deseo a mi desierto
por la ruta sin peaje.
Hay pajas mentales y orgías,
también ideas sementales,
sentimentales y resentidas.
Mares de dudas,
mudas certezas salvavidas,
pasajeras, viudas con custodia compartida,
y así: letras alcahuetas, rimas celestinas,
pensando aún en pesetas
tus recuerdos de propina.

Hay duras penas, espinas y rosas
y otras tantas cosas
que mi mente todavía olvida.

Marcapáginas

Hay palabras que

no entienden

la diferencia entre

no saber leer

entre líneas

y mantenerse

al margen,

olvidarte,

extrañarte,

y el arte de actuar

como absolutos

extraños.

Marginarte.

Bocachica

Querer.
A veces con querer no basta.
A veces quieres tanto
que tienes que decir *ya está.*
Quieres tanto
que dejas de sonreír
y para que ella sea feliz
debes esconderte:
querer a escondidas,
querer de incógnito,
un *te quiero* sordo,
quiero no querer,
quiero no quererte
querer...
A veces con querer no basta,
pero hay que saber
cuándo no debes decirlo en voz alta.

Busco

Prefiero una mirada
que me deje sin palabras
a palabras que presumen de ojos bonitos.
Una belleza
que se insinúe
a una cara mona
buscando su reflejo en cualquier escaparate.
Un personaje
que me deje momentos para recordar
y hacerme sentir vivo
a matarme haciéndome vivir del recuerdo.
Una amiga
de fiesta,
una mujer de cuidados
y una amante de cama
que no me diga *te quiero*
o *te dejo* en el primer revolcón.
Yo soy semivirgen
porque he follado muy pocas veces,
he usado el corazón en otras pocas
y en casi todas las demás hice el amor.

Grammys vs. Goyas

El colmo de hacer de músico
y ser música
es que paso por su corazón
sin hacer apenas ruido,
que termino mi actuación privada
por su pabellón auditivo
y que no me pide bises
ni que improvise,
que no corea mi nombre
ni mis apellidos.

El colmo de que haga de actriz
y sea cine
es que no quiera
darme besos de película,
no se quede ni a ver los tráilers,
me destripe los *spoilers*
y me descargue del Torrent
como banda sonora, ridícula.

Nominados a todo,
nos fuimos con las manos vacías,
pero con el alma llena,

sabiendo que la historia
más triste es la que nunca empieza,
y también, la más irónica puesto que tampoco termina.
De ahí el término de *tragicomedia.*

Empezamos por la secuela.
Si nos gusta, haremos la primera.

Vida

Hoy salí a la calle
y vi a un hombre despotricando
sobre un futbolista de su equipo,
a otro temiendo una posible pandemia,
a un tercero hablando
sobre las crisis y sus miserias
y a un cuarto aquejándose
de sus dolencias y problemas.

Pero a nadie mostrando sus sueños,
planeando sus viajes
o persiguiendo sus metas.

Hay gente que de la vIDA
solo se queda con eso: con la IDA.

Prefiero estar de vuelta
y ver la «v» como una pendiente:
una bajada tras la cual
espera la subIDA.

La vendedora de cerillas

Desahuciado de un hogar
sin orden judicial, va ciego
por una zorra camuflada
con piel de cordero.
Condenado al desdén
y a orden de alejamiento
a diecinueve letras, las que forman:
Hay otro. Ya no te quiero.
Exiliado como el poeta
en tiempos de guerra civil,
lo que un día llamó casa
pasa a territorio hostil.
Y le tocó partir
teniendo que verla de cerca.
Pero a veces cerca
es una verja que no deja huir.
Después, el fin de un telefilme
que habla del declive:
malvive y sigue,
malbebe y soga, exprime.
De bar en bar él va
besando vasos, y hace caso

omiso a los avisos de
peligro, caída libre.
Otro muñeco de jengibre
a lomos de ginebra
que, escapando de las fieras,
dejó la tierra firme
para intentar cruzar el cauce
y terminó en sus fauces,
con un mensaje:

Soy tu cárcel y no saldrás de ella.

Redondeo

Querer ganarse a todo el mundo
implica perderse a uno mismo.
A ese tipo de gente
quiero perderla con ganas.

Obsolescencia programada

Y así olvidé
lo que nunca tuvimos:
con la resaca de las copas
con las que no brindamos,
con las agujetas
de no salir corriendo
tras tus pasos,
afónico de callar
todo lo que no nos dijimos.

¡Qué triste es ser feliz
si no es contigo!

Lucha de contrarios

Él era el sol,
ella la luna;
y dieron la vuelta al mundo
hasta fundirse en un eclipse.

Ella venía de Venus,
él procedía de Marte;
y aceptaron la cama
como aguas internacionales
hasta amarse.

Uno era una estalagmita,
otra una estalactita;
y, escondidos en una cueva,
lloraron y lloraron
hasta crecer y tocarse
y unirse en un beso eterno.

Así que tú...

di mejor que no te salía del coño
dedicarme ni un segundo,
no que no tenías tiempo.

Cerrajero

El amor todo lo puede,
pero en una relación no todo vale:
no se puede pretender
abrir todas las puertas
con la misma llave.

Enemigos imaginarios

La gente
que el único amor
que ha conocido
es el amor propio
es normal que piense
que odiar al resto
es el mejor piropo.

Solo entiende el odio
quien odia.
Será por eso que
no los entiendo.

Amo no hacerlo
y que me piten los odios.

Último deseo

Me dijo:
—Ojalá encuentres
a una persona que te haga feliz.

Respondí:
—Ya la encontré.

Replicó:
—¿A quién? ¿A tus amigos?

Sentencié:
—No, me encontré a mí.

Coordenadas

Hay algo que no te dirán
ni las facturas
ni los anuncios
ni los crucigramas
ni los rasca y gana
ni los plenos al quince
ni los mapas del tesoro
ni las galletas de la suerte
ni las cartas de embargo
ni las tazas de Mr. Wonderful
ni los sobres de azúcar
ni las autoridades sanitarias
ni las radiografías
ni los prospectos
ni los epitafios
ni los periódicos
ni las revistas
ni el porno
ni YouTube
ni tu profesor de pilates
ni tus bailes de tik-tok
ni las etiquetas del champú

ni tu ex
ni los amantes,

pero es algo que se sabe
en todas partes:
lo mejor te encuentra
cuando dejas de buscarte.

A soledad

Sé que te prometí una vida entera a tu vera,
que te tuve en vilo,
que te encantaba calentarte los pies
con mi vacío.
Pero cuando el corazón está frío
la mente vuela,
y tiritaba demasiado el mío.
No me guardes rencor, cariño,
alégrate por ti y por mí,
por nosotros,
por los otros,
por los míos,
porque si vuelvo a tu lado,
será por elección propia
y entonces te mereceré más que nadie,
porque siempre te disfrazabas de camino,
pero los dos sabíamos que nunca serías destino.
Habrá momentos en los que te necesite,
otros en los que duerma contigo
aunque sueñe con ella,
pero es que ella me llena como ninguna
y tú, si te calientas, te vas con cualquiera.

No digas nada, por favor,
no lo pongas más difícil y búscate a otro
que te quiera, que te cuide y quiera descuidarse.
Gracias por ensañarte y enseñarme tanto, Sole.
Conocerte fue el primer paso para superarte.

Primavera

Propósitos de vida nueva

Feliz año. Sí, a mitad de semana, casi rozando el ecuador de este ejercicio: feliz año.

La mayoría de las personas mastican sus deseos y rumian sus fallos hasta que se acerca el fin de año. En ese mismo instante parece como si les diera un corte de digestión o un cólico nefrítico y, deshidratradas, necesitaran vomitar todos sus propósitos para el siguiente ejercicio que dará comienzo. Juran que aprenderán un nuevo idioma (o varios), que harán ejercicio cuatro días por semana para estar en forma, para lucir palmito, y que dejarán los vicios o malos hábitos para llevar una vida más sana. Pero casi nadie los termina cumpliendo. Será que cuando nos prometemos algo le hablamos más al calendario que al tiempo.

Por eso quiero proponeros un plan maestro para corazones en edad de crecimiento: que hablemos con esa caricatura nuestra que tenemos por dentro, entre la voluntad y el remordimiento, y le hagamos jurar que pedirá la factura, pagará sus pufos y hará borrón y cuenta nueva; que no pasará de página ni de hoja, sino que cerrará el libro y lo utilizará para calzar la pata coja de la silla, amueblando su mente; que hará servicios sociales como contar estrellas, atrapar sueños o hacer camino; que guardará los *y si,* los *pero* y los *ojalá* en la maleta de la ropa de invierno y sacará los *todavía* y todos esos *menos mal* con la ropa de entretiempo; que si mira al futuro será con las gafas de cerca y que se repetirá una y otra vez que el pasado solo es un gran recuerdo o una buena experiencia.

Hoy es 0. Hoy es el día de la madre, del padre. Hoy llegaron los Reyes Magos, se celebró San Valentín y se lloró el entierro de la sardina.

Hoy todo comienza.

Feliz vida nueva.

Matemática de la carne

Fuimos a hacer el amor
y parece que volvimos de la guerra.
Me sentí astronauta cuando me abriste la puerta,
perdido en tus lunares, diciendo adiós a la Tierra,
borrando en el felpudo el camino de migas
para que nadie siga el rumbo
que entrevén tus piernas cuando caminas,
palmo a palmo formando una línea,
una recta entre tus curvas y mis indirectas...
con puntería.

Volaron los minutos teniéndote cerca,
ocultos y jugando mudos, juntos,
a ese *truco o prenda*
con el lenguaje de las manos,
leyendo en braille cada surco
de tu piel, pero también tus labios.
Vivimos sin horarios, lejos de calendarios,
versos de pasión y no de aniversario.
Todo lo que no te dije, lo hice.
Cicatrices que aún recuerdo en sueños
cuando despertamos vecindarios.

Mi más sentido bésame.
Bésame, besayúname,
ayúdame a deshacer la cama.

Te comería a versos,
pero me tragaría mis palabras.
Por eso, mejor dejarnos sin habla.
Perdí el sentido del amor,
pero no del sarcasmo,
así que te haré el humor
hasta llegar al orgasmo,
que he visto enamorados ojos de legañas,
pero no hay mejor brindis
que los que hacen tus pestañas.

Estás en mi lista de sueños cumplidos
y en la de pecados compartidos.
Rompamos juntos la barrera del sonido
cuando el gemido se coma al ruido.
Hagamos juntos todas las maldades,
la dieta de los caníbales.
Soy de los que siempre creyó en las señales.
Por eso pégame, muérdeme y déjame cardenales.

¿Sería seria?

Llevo tanto tiempo
sonriéndole a la vida
que cuando dejé de hacerlo
ella empezó a devolverme la sonrisa.

Tiene gracia.

Abecé

Soy de esas personas
que piensan *A*,
dicen *B*
y hacen *C*.
De los que piensan amarte,
de los que te hacen caso
y de los que dicen bésame.
De los que piensan en alto
lo que dicen en bajo
y te quieren hacer
cartas, caricias, cosquillas,
la cama, llegar al clímax, el café.
Soy de los que piensan antes,
dicen bastante
y hacen callar o caer.
Soy de esas personas
que piensan en el ahora,
pero que estarían dispuestas
a hacer cola
por si, algún día de estos,
decides decirme: búscame.

Gula

Dijeron: *Agua que no has de beber,*
déjala correr.

Más tarde cayeron en la cuenta
de que se necesitaban
como el comer.

Atracón de Semana Santa

Estoy cansado de corazones vigoréxicos
y de poner el mío a dieta.
No sé si es que ha cogido unos kilitos de más
o eres tú la que consigue que haya días
en los que mi alma pesa más de veintiún gramos.

Animales de compañía

La gente busca amores perros
que le laman las heridas,
falderos,
pero que no les dejen pelos.
Que quieran ponerse el collar
y a la vez les meen encima,
que marquen su territorio,
que les hagan compañía,
que muerdan más que ladren,
pero que solo marquen.
Que sean fieles
y no se vayan
con cualquiera que los llame,
que sepan traer el periódico
y esperen en la puerta cuando salen.
Amores que escuchen más que hablen,
que muevan el rabo si les ven,
que lloren si se van,
pero que vuelvan si les silban.
Que se dejen atar en corto
aunque sean de lengua larga,
pero que no sean babas
de esos que te dejan mancha.

La gente busca amores perros,
pero odia recoger sus mierdas,
y yo no sé quién es más perro
o más mierda,
si el amor ni se compra
ni se adopta: se riega.
Así que yo prefiero amores planta o pecera,
que no abandone cuando crezcan,
que nunca deje a la primera.

Cuaderno de bitácora

Hay lunares que son faros
donde van a atracar todos mis navíos,
donde todos los besos son robados.
D2: tocado y hundido.

La sirena que no sabía cantar

Andando a orillas de las Antillas
me encontré con una sirena
que no sabía cantar.
Tenía aletas postizas
y se mareaba,
pero se movía como pez en el agua
y entraba como el mezcal.
Quería beberme con los ojos
y yo comer de su mano.
Ella estaba cada vez más mojada
y yo a su vez menos de secano.
Era una sirena del centro
y yo un náufrago de extrarradio
que envió mensajes en botellas
por pasos de cebra hasta su acuario.
Nunca la vi como un trofeo
ni ella a mí como un cebo,
pero los dos nos besamos bajo el muérdago.
Digamos que picamos en el anzuelo.

Vértigo horizontal

De la risa al agobio,
amores con prisas,
la ponzoña de los novios,
la rutina: otra ruta alternativa hacia el odio.
Discusiones hasta por discutir,
recriminando lo más obvio.
Es como dejar el regalo
y querer devolver el envoltorio.
Una de los dos
no puede dar pie a avanzar.
Arrastra, y eso, como mucho, es querer dar huella;
muy diferente a quererla dejar.
El otro se fabricó
unos guantes gigantes de madera
para poder protegerla.
No sabía que, si con ellos se aprieta
el amor, ahogan como la mejor cuerda
y la relación se puede astillar.
Los dos miraban a la garantía
que colgaba de la puerta,
con todo el miedo del universo a romperla
y a que, si no funcionaba, no se pudiera cambiar.

Es el miedo a vivir pegados
y que uno de los dos se quisiera despegar,
pero el miedo es un apocado,
no sabe que cuanto más te acercas,
antes desaparece el vértigo horizontal.

Cercanía

Quiero tener cerca a la utopía
y su manía de que siempre cumpla,
aunque de una forma tardía.
Quiero tener cerca a la poesía
y que se defina a ella misma
como el poso que deja la vida.
Quiero tener cerca a mi familia,
a mis amigos, como sinónimos
con distinto nombre de pila.
Quiero tener cerca porque quiera,
no porque necesite a cualquiera
que limite o me reprima.
Vivir en primavera y en verano
o pasar la Navidad con un regalo:
una escalera lo bastante alta
como para poder abrazar
a aquellos que partieron
y se fueron de mi lado.
Que vuelen las horas,
que el tiempo no termine,
que solo lavadoras por colores discriminen,
que solo disparen fotos

y que estallen risas,
que el beso valga también como divisa.
Cerca del teatro y los monólogos de Goyo,
cerca del estadio y los recitales de Isco,
que los hagan ministros
de Deporte y Cultura,
y que deporten a ese Wert,
directo a la mayor censura.
Cerca de *Imagina,*
la nación que sueña
sin patria, ni leyes ni bandera.
Cerca de *Empatía,*
el pueblo que se empeña
en que no hay mejor lugar
que ponerse en el lugar de gente buena.

Pac-Man

Después de tanto
perseguirse el uno al otro,
después de tanto comecocos
y tanto fantasma,
lo dejaron en tablas,
firmaron la tregua
y lo llevaron a otro nivel,
pasaron de pantalla.

De pequeño
siempre me enfadaba
si ganaba el juego
y salía GAME OVER
en letras grandes.
Sentía que, aun terminando la partida
sin agotar ni una sola vida,
siempre perdía. Y jugando perdía la mía.
Ahora dejo la partida a medias,
suelto el mando y sonrío,
porque soy un niño grande
que se cansó del juego
y por eso gané:
porque ya nunca te la jugaría.

En línea

¿Cómo lo haces
para poner dos puntos,
un cierre de paréntesis
y que, acto seguido,
me imagine tu mirada
color miel y me rebote
en la cabeza una risa
de tu amplia galería
como un salvapantallas?

A veces los signos de puntuación
dicen más que las palabras,
y eso ya es decir.

;)

Candor

Creo que cada persona debería
tener una lista con todas esas
pequeñas, medianas y grandes cosas
que le gustan de su pareja.

Ahí va la mía:

1. Que andemos por la casa
teniéndola subida a mis pies,
como si fuese una sirena
que tripula un barco.

2. Que con mirarla sepa
si le ocurre algo
y que con mirarme sepa
que se me pasa todo.

3. Que enrede su cabello en mi barba
y que yo sienta que
me ha tocado el pleno al quince
si encuentro un pelo suyo
abrazado haciendo guardia.

4. Que se ría por todo
y a la vez se ría de nada,
que sea un público fácil
desternillándose hasta de mi colección
de chistes malos a carcajadas.

5. Que me mire como si fuese
la primera vez y la última.

6. Que escuche todo lo que digo
y no haya escuchado mi música.

7. Que nunca le haya dedicado una canción
pero sí todos mis bailes.

8. Que su lado de la cama sea cualquiera
mientras sea a mi lado.

9. Que mi brazo sea su mejor almohada.

10. Que no sepa maquillarse
y que cuando más guapa esté sea en pijama.

11. Que le encante conocer mundo.

12. Que no sea mi mundo,
que sea mi galaxia, mi cala, mi agua.

13. Que no le importe que cuando llore la vea
y que la haya visto llorar
más veces de alegría que de pena.

14. Que tenga *bocachancla*
y le encante pasear descalza en la arena.

Podría llenar temas y tomos
de todo lo que me gusta de ti,
pero lo que más me gusta es que
no pretendas gustar a todos,
solo a mí.

(El gusto es mío).

Jamais vu

Ama.
Ama a tu familia.
Ama a tus amigos.
Ama a tu pareja.
Ama tu trabajo, la vida, el arte.
Ama como si no doliese,
como si no fueras a lastimarte.

Ama como si fuera
la primera vez que lo haces...
y a lo mejor es
la primera vez que amas de verdad.

Unidades de medida

La posibilidad es solo
un porcentaje
que diferencia
entre los que se quedan en el imposible,
los que llegan solo al improbable
y los que hacen realidad su sueño,
consiguiendo que utopía
se escriba con letra pequeña
y se diga con la boca chica.

Aceptamos sueño como unidad de medida.

Verano

Nunca y siempre

Érase una vez, en un lugar muy cercano, un niño y una niña que vivían puerta con puerta. Él se llamaba Siempre. Era un chico soñador, amante de las leyendas y que pensaba que había un lugar donde los sueños se podían hacer realidad. Ella se llamaba Nunca, la típica chica realista, temerosa, que le buscaba a todo su porqué y que solo creía en aquello que podía comprobar con sus propios ojos.

Un día, Siempre, aburrido del lugar donde vivía, llamó a Nunca y le contó que su mayor sueño en la vida era viajar y llegar al Sol.

—Nunca llegarás —dijo Nunca—, te caerás o, lo que es peor, llegarás y te quemarás.

Supongo que lo que intentaba Nunca era quitarle los pájaros de la cabeza a Siempre, para que no se lastimara. Pero tal era el peso de sus sueños, y tantos pájaros tenía en su cabeza, que todos a la vez emprendieron el vuelo. Y Siempre se perdió en mitad del cielo.

Hay quien dice que se cayó, otros que cumplió su sueño, incluso hay quien dice que se quemó y no volvió de nuevo. Pero todo esto que pasó, Nunca nunca lo supo, porque echó raíces en el suelo.

Y es que..., si siempre te dices nunca, nunca será siempre.

Divisa

Me fio más del tímido
que de quien habla
por los codos,
porque el interior es oro.
Algo que no se debe
enseñar a todos.

Ikea

Las personas buscan un hogar,

hablan con las paredes,
conversan con su almohada,
se meten hasta la cocina,
algunos se hacen la cama,
los hay de los que cantan en la ducha,
y de los que nunca han roto un plato,
de los que salen del armario
y de los que siempre entran al trapo.

Pero...

hay abrazos que construyen refugio,
barrigas que son la mejor almohada,
miradas que muestran otro paisaje
y caricias que sirven de pijama.

Las personas que tengo
conmigo son mi hogar
y mi hogar está en las personas,
no en los sitios.

Así que, a los buenos, bienvenidos:
quítense los zapatos antes de entrar.
A los malos, hasta luego:
no me usen como felpudo,
colgué el cartel de *no molestar*.

Leyes del silencio

Un canto a la soledad
debería ser sordo,
como un árbol caído
en medio del bosque,
una voz que nadie oye
en un idioma que nadie conoce.

... ¡Shhh!

¿Acaso el silencio siseará?
Y en ese caso, ¿desafinará?
Sé que tararea las cosas que no se dicen
al son de las sirenas Orgullo y Recelo.
¡Cuántas palabras
no desembarcaron de mi boca!
¡Cuántas se perdieron en tu pelo!
¡Y cuántas otras que partieron
jamás volvieron!

El silencio
es el único lenguaje universal:
un lenguaje que todos hablamos de oídas,
porque no hay verso

que le haga justicia,
porque no hay lengua
que lo describa.

Callando se malentiende la gente.

Sentidos

El ser humano
es la paradoja de los animales.
Solo mira por él mismo,
pero siempre anda fijándose
en lo que hacen los demás.
No se huele nada,
pero mete las narices en todo.
Nunca escucha,
pero oye lo que quiere.
No tiene pelos en la lengua,
pero si se la muerde, se envenena.
Se deja la piel.
Le dan la mano y coge el brazo.
El ser humano tiene cinco sentidos,
pero no hace lo que siente
o no siente lo que hace.

Por eso prefiero ser persona.
Así lo siento en todo este sinsentido.

Olvidar a las cosas por su nombre

Pasar del pasado,
amañar el mañana,
presenciar el presente.
No hay más secreto:
el karma son las manos;
el destino, nuestros pies;
la oportunidad somos nosotros
y la suerte, la suma de los tres.
No hay más después.
Los Reyes son los padres.
Las casas, refugios de cepillos de dientes.
Las verdades a medias, mentiras pudientes.
El odio, otra forma de amor diferente.
Iguales, dicen. ¿Y te lo crees?
El tiempo vuela,
la vida planea,
los años solo son números
que se despeñan
y somos pilotos, copilotos
y pasajeros sin carrera.
Pues
abran el tren de aterrizaje,
aligeren nostalgias y equipajes

y paren el mundo,
paren el mundo con un frenazo seco,
paren el globo terráqueo, que me bajo.
Porque me da trabajo y coraje
hacer un viaje con más ataduras que atajos.
Porque demasiados tropiezos y caídas traigo
para saber que no me rebajo.

Escala

En clave de FA:
no quiero un SOL RELAMIDO,
quiero tu SÍ a MI LADO...
Tu SÍ es múSIca para MI oíDO,
MI REmedio para el enFADO.

La pelota de papel Albal

Un día, cuando era pequeño,
me dediqué, junto al resto
de mis compañeros de clase,
a tirar bolas de papel de aluminio
contra la ventana del profesor, desde el patio.
Como veíamos que no pasaba nada,
decidimos coger piedras,
envolverlas en papel de aluminio
y lanzarlas contra la misma ventana
del mismo profesor. Rompimos el cristal
y nos castigaron a recoger
con bolsas del súper
todas las piedras del patio de recreo.
Desde ese mismo momento
aprendí y entendí una lección muy valiosa:
nuestra vida es una piedra
envuelta en papel Albal, ya que,
quitando las fatalidades,
enfermedades terminales,
desastres naturales
y demás *desazares* de este mundo,
todo lo que pase en ella
está en nuestra mano. Y, sí,

puede que esas cosas
que se nos escapan sean
las que más salgan a relucir
y más llamen la atención,
como el papel de aluminio.
Pero realmente es la piedra
la que puede causar impacto y dejar huella.
Es la suma de nuestros aciertos y fallos,
de nuestros actos.

La piedra está en tu mano.
Tú eliges dónde ponerla.

Cine de verano

Quiero querer bien y me sale mucho.
No soy de medias tintas, ya lo sabes.
Pinté con brocha gorda tus lunares.
Hice constelaciones con los puntos.

Me encanta leer *tuyyo,* así, todo junto,
que tu roce sea cura de mis males,
que seas los momentos estelares,
la chica Bond de mi peli de culto.

Vayámonos a un cine de verano
en diciembre y hagamos que sea playa.
Te encanta cuando hablo con las manos.

Dos fieras que se aferran a la valla,
ninguno quiere ser domesticado.
Veremos quién se lleva la medalla.

Niños burbuja

Existen seres humanos
que están enamorados
de la piedra de tanto tropezarse con ella.
Hay otros que, tras la caída,
aprenden una valiosa lección
y les sirve para seguir adelante.
Algunos, solo con ver la piedra,
levantan muros de miedo a su alrededor
y así nada malo les ocurre...,
pero tampoco bueno:
viven en una pompa o cárcel sin rejas
llamada zona de confort.

Y yo...

me he llenado una mochila
con las piedras que me han tirado,
con las que me he tropezado
y con los muros que he derribado
para construir y hacer mi camino.

Sé llevar el peso.

Danzad, malditos

La vida es un baile
y tenemos miedo a bailar.
Nos da respeto hacer el ridículo,
caernos y tropezar,
no llevar el ritmo,
perder el compás.
No queremos bailar
por el temor
a no tener pareja de baile quizás
o puede que la tengamos
y nos pise con sus tacones,
no sepamos llevarla
o no nos sepa llevar,
que den las luces y corten
nuestra canción favorita a la mitad.
La vida es baile
y está hecha
para los que bailamos
incluso sin pareja,
sin pista,
sin música,
sin vergüenza,
con certeza.

Hay que bailar
aunque tengamos dos pies izquierdos,
aunque gane la derecha.
Bailar seguro de tus movimientos,
sin pretextos,
porque bailar es el mejor argumento
y la mejor moraleja.
Seamos reyes y reinas del baile
por una vida,
inventemos pasos nuevos,
repitamos otros,
improvisemos,
saquemos a la vida a bailar,
agarrémosle la cintura
y toquémosle el culo si se deja.

Huracán

A base de volverme frío y cerrado
me construí un iglú en tierra de nadie,
abrigado con lamentos y recuerdos,
sobreviviendo a base de pescar pecados,
regurgitando mi propia indiferencia,
una de las comidas rápidas
que provoca una muerte más lenta.
Lo único que pasaba por ahí era el tiempo
con una pistola que no disparaba balas ni bengalas,
no soplaba dientes de león ni pestañas,
solo palabras que se llevaba el viento.
Hasta que, una noche, llegó un huracán
que llamó a la puerta antes de entrar
y destruyó todo a su paso:
mi pasado,
mis miedos,
mi tristeza,
mi pena,
mi soledad…,
haciéndome volar.

Y el colmo fue que me
guiñó su ojo.
Ahora entiendo por qué los huracanes
suelen tener nombre de mujer...
(por lo que pueda pasar).

Fin

He visto reírse a los sauces,
llorar a las hienas,
flechazos a primera risa,
divorcios a ciegas,
botellas de cartón
navegar con cartas de cristal,
que dan la vuelta al cuerpo
en ochenta versos sin aterrizar.
He escuchado
verdades a medias,
mentiras enteras,
secretos de cuarto.
Le he buscado los tres pies al perro
aguantando un tiempo de gatos.
He hablado con gente corriente
teniendo dos bocas y una oreja,
que tenían tres ojos,
dos caras
y pensaban con dos cabezas.
He pecado de santo,
he creído en dios,
pero ni dios es para tanto.
A lo tonto, creo más en el reloj.

He comido con la boca.
También he hablado con las manos,
besado con los ojos abiertos,
pero con el corazón cerrado.
He vivido de la poesía
y cuando muera seré un suicida:
aquel muerto que saltó al vacío
para volver a la vida.

Is

Me han cogido el brazo
sin darme la mano siquiera.
Dijo la sartén al cazo:
No me esperes a la cena.
He visto vidas en pena,
penas de muerte y muertos en vida,
y esa mirada que a veces mata
y otras da vida si te mira.
Maté a la verdad tantas veces
que temo vivir de mentira:
y mentí al conocerte
y mentí en la despedida.
Escribí sobre tu vientre
veinte *para siempres* con saliva,
pero un *te quiero* que no se siente
es la peor falta de ortografía.
Tengo a la pena amaestrada
a la nostalgia a pan y agua,
y no, no las dejo que se suban
ni al sofá ni a la cama.
Comí comas, comí libros,
entraste en mí como un virus,
pasaste como las modas,

saliste como un suspiro,
directo al centro, adentro,
haciendo diana.
Apuntando a la mujer cañón,
salió disparado mi hombre bala.

Terra

Nos evitamos,
evitamos evitarnos.

Y volvemos al final,
por principios.

Peaje

¿Cuánto cuesta un adiós?
¿Y cerrar el libro sin marcar
una página doblando la esquina?
¿Cuándo cambiamos la bombilla
del punto seguido
por la del punto final?
¿Y la foto de perfil
en la que estás solo
para salir con alguien más?
¿Dónde está la línea que separa
el *principio del fin*
del *acaba de empezar?*
¿Hasta cuándo vas a seguir caminando
hacia delante volviendo la vista hacia atrás?

Crecer es un viaje,
un trayecto,
y en cada puerto
hay una aduana.
Siempre va a sobrar lastre,
un impuesto
y un coste por entrada.

El escollo tendrá a veces
el nombre de tu EX,
pero no es tu exnada.
Nunca fue tuya ni tuyo,
nunca fuiste suya ni suyo,
ni en vuestros mejores orgasmos
ni en las peores muestras de orgullo.
Quítate ya ese yugo,
aprende a desprender,
deséale lo mejor,
pero deséate lo mismo a ti también
por lo que quiso ser y no pudo,
por lo que pudo y no quiso ser.

Que nos vaya bien.

Siete veranos después

Liga doméstica

Trescientos sesenta y siete días después sigo sin creérmelo.
El predictivo del móvil se ha acostumbrado
a escribir *te amo* y ha relegado *tamaño* a segunda opción.
Será que el término le viene grande
y hemos roto cualquier tipo de pronóstico.

Si observo bien las habitaciones de mi casa
encuentro pequeños estragos de lo que dejas a tu paso.
Estragos sin estrategia:
un cepillo repatriado,
un pijama ineficaz,
tapones para los ronquidos,
las huellas de tus manos en el espejo,
leche de avena,
el casting de tu cuchara favorita,
tu rostro cuando cierro los ojos.
Pequeños detalles que deslumbran por su presencia.

Se me hace raro viajar si no es contigo de la mano.
Los viajes juntos se escriben con V mayúscula.
La misma V que Victoria, Verdad, inVencibles, Vulnerabilidad...
Una V que se pronuncia aplaudiendo con los labios.

Esta mañana nos hemos despertado
bailando como el despertador.
Expertos en las grandes gestas
de las victorias domésticas,
sé que también esperan malas albas,
digestiones pesadas, cazas furtivas de mosquitos,
insomnios infrecuentes, pero
(por el amor de todas las cosas bonitas)
intentemos darnos los buenos días
de esta manera siempre que se pueda.
A día de hoy, no veo mejor forma de sacarle ventaja a la vida.

Enmimismado

¿En qué momento te creíste
que mi semejanza era igual a tu indiferencia?

Líderes de invierno

Somos el reflejo que nos devuelve
el espejo negro de la pantalla.
Telarañas de vidrio.
Abrazamos la oscuridad
hasta rozarnos con la etiqueta que nos ponen.
Preferimos que nos devore
nuestra propia naturaleza a que lo haga el ansia viva.
Una muerde más fuerte,
la otra deja peor marca.
Las dos en el mismo sitio.
Cada uno elige sobre qué fauces construir su piso.
El resto del mundo son grietas
por donde se escapa la luz.
Iluminadas, pero grietas.
Luminosas, pero grietas.
Luces huecas.
No son como nosotros.
Visten una felicidad impostada
por tendencias:
lo que se lleva esta temporada.
Nosotros llevamos a cuestas
el gozo de la penumbra compacta.

Una obscura en posición fetal
que no se guarda con la ropa de invierno.
Amalgama de tinieblas.
Una mochila de piedras
que no se cambia por carbón dulce.
Miro sus caras.
Cada una de ellas es una salida de emergencia
con rótulos de colores y matasuegras.
Nuestra raspa es crisálida que no huye.
Siluetas que se agazapan en el mismo lugar
donde nacen los sudores fríos.
Confeti de sinsabores.
El eco de lo que no se oye, pero resuena.

Siniestro total

De *adulación* a *anulación* solo va una letra.
Led y laurel.
Celebrar los cumpleaños de amigos sobre el escenario
debería ser señalado como festivo nacional.
Por lo célebre o por el luto de los enemigos.
Plato combinado y wifi abierto en todo el hotel.
Cada uno se autoconvence
con el formato de libertad que le concierne.
Ayer vi un vídeo de un compañero
hablando sobre la dictadura de los *laics* en las redes sociales
y pensé en que deberían cambiar
la opción de *me gusta* por *me entretiene.*
Apagué el teléfono.
Busco la iluminación de Rembrandt
creando una grieta entre las cortinas de la habitación
y recuerdo lo que hacía la luz de la vela
volcando cera sobre su espalda.
Estoy frustrando mi habilidad adquirida de autosabotaje
porque ya no sabe por dónde salirme.
Para mi felicidad no tengo arreglo.

La vida rima

La vida me está trayendo en cuchara sopera
más momentos de los que puedo paladear;
aun así no me mojo ni los labios.
En ese mismo instante a mi hijo
le sube la febrícula por un virus estomacal:
la verdad depredadora que esconden las tripas.
¿La felicidad empacha?

Vuelvo a mi refugio de cepillo de dientes
después de conocer a mucha gente
y de no reconocerme en casi ninguna
(como cada fin de semana).
Demasiados saltos como para no saber
que nunca caigo de canto.
O caigo en gracia o *gordo,* pero nunca de canto.
Debe ser que mi educación y modales
se disfrazan de altivez distante o de un asco cercano.
Ya ni intento demostrar que ese bote de galletas
no está al alcance de *todas y todos.*
No pierdo la sonrisa, no busco el chiste.

Hoy le he leído el cuento de *Caperucita roja*
a la hija de un compañero y he tenido que parar
justo cuando la abuelita iba a abrir la puerta para ir a dar un
[concierto.
Durante este, pensaba en que
los libros que se dejan a medias pueden reescribir su historia
o tener la maldición de un final abierto.
Siento piedras en el estómago.
Llego a casa con mi hijo y le explico lo que es un videoclip
y que mañana me tengo que separar de él para grabarlo,
a lo que él me responde que ya sabe lo que es un estribillo...

La vida rima.

Año nuevo chino

El año de los días infinitos,
de la sonrisa con marcas de sábana,
del alirón de tus labios pintados de rojo,
de las miradas de estreno,
de mirar atrás solo para ver lo bien
que quedan nuestras huellas,
cavas y planas, juntas en la arena,
de que el corazón haya encontrado
nuevos motivos para no pararse,
del arsenal de los nuevos miedos,
de ver tu cara en todas las turbulencias
y tu abrazo en todas las puertas de embarque,
de sacarnos el carnet de acróbatas aéreos.

El año de los bailes imposibles,
de las hormonas quinceañeras
del festejo de las canas,
de las pequeñas muertes,
de los obituarios en los que me recreo
cada vez que te mato del gusto o me matas de las ganas,
de que nunca quieras mi brazo como almohada
porque así te quiero, inabarcable,

de que siempre quieras que me tumbe sobre tus piernas
porque así me amas, vulnerable.

El año de las ausencias formidables,
de dejar de usar el dialecto de los silencios
como respuesta estándar,
del olvido selectivo de los gritos,
de los instigadores de la independencia emocional,
de entender nuestros tiempos como un entrenador
que sabe manejar el vestuario,
de aprender a saber ganar.

Feliz Año nuevo chino.
Que sigamos poniendo nuestro mundo del revés.

Agua y azúcar

A la bailarina de pies cavos
que busca contacto con los míos
por muy grande que sea la cama.

A la catadora de aceite y sal gorda
que moja el dedo en el plato con el proceso inverso
de los que portan una pestaña en el índice para soplarla.
Formas de pedir deseo.

A la niña eterna que habita dentro de sus ojos
y los pinta de color miel cuando quiere fiesta o jarana.

Debes de ser de otra época,
una más amable, sin tanto conflicto.

Debes de ser de otro mundo,
uno con menos gravedad y menos delito.

Pero, sin duda, nos debemos a este momento,
sin más mandato que el de estar presentes.

Agua y azúcar.
Que la vida tenga agujetas de intentar seguirnos el ritmo.

Santos valentones

A mí que me perdonen
los que ven reclamo comercial
a la fecha señalada, al día subrayado,
a los catorce febriles vilipendiados,
pero viendo cómo la gente se despelleja
offline día sí, día también,
cómo llevamos dos años *sinfinados*
en los que algunas y algunos
han descubierto que no se aguantan ni a ellos mismos
y que parece que ser *intenso* es un defecto
porque hay que odiar a los cuatro vientos,
pero amar en diferido o hacia dentro...

Voy a permitirme la osadía de celebrar el amor célebre,
la valentía de mostrarme vulnerable con ella.
Ella.
Que es la persona que tiene más armas
para hacerme daño y aun así decide no hacerlo.

Voy a brindar por este equipo de dos que canta el alirón
en cada triunfo por la mínima celebrándolo sin camiseta,
aunque nos aperciban con tarjeta.

Voy a seguir parando el mundo para admirarla
cada vez que se desnude, aunque sea para ponerse el pijama.

Voy a seguir aprendiendo pasos nuevos
para bailarle en mitad de la calle
la canción que solo suena en nuestras cabezas.

Así que, odiadores de este día con sus ínfulas de vinagre...,
ya sé que es un día más,
un día con sus veinticuatro horas,
pero, en lo que respecta al corazón,
cualquier día es el mejor para sacar pecho.

Sr. Fracaso

Saber perder,
extraño sabor,
tú lo sabes bien
mi mal vencedor.
Derrota triunfal.
No busco ovación.
Preciso un rival
que pueda hacerme
ser mejor.

Saber ganar.

Feria de Jerez

Que vivan sus gentes,
sus ríos púrpura de Jacaranda por las avenidas,
sus océanos de rebujito,
sus arranques por Bulerías,
sus móviles sin cobertura,
sus ojos encendidos como el alumbrado,
la música en vivo sudorosa,
sus pulmones de clavel,
los labios rojos que manchan besando,
las rozaduras domando zapatos de tanto baile.

Uno cree saber lo que es el amor
hasta que ve a su novia andaluza bailando flamenco.

Golaverage particular

Toca desprenderse de la victoria,
colocarla en la vitrina, relegarla a la efeméride
y volver al *más difícil todavía.*
No por el inconformismo voraz
del que tiene la gloria como droga,
sino por lo atractivo del reto.

No quiero el fracaso limitante,
pero mucho menos la borrachera del éxito definitorio.

Quiero el éxito casero, artesanal,
un éxito en minúsculas, vociferado al cuello de la camisa.
El tipo de éxito anecdótico.

No quiero un éxito de segunda mano o kilómetro cero.
Querer repetir el éxito que otro ya consiguió
es un fracaso con serpentinas.

Quiero desoír a los éxitos pasados,
pero mirar a los ojos a los fracasos futuros,
porque mirar al fracaso a los ojos
es el primero de los triunfos.

Día de la poesía

Si hoy es día de la poesía, ella es su noche.

Melancolías customizadas

¡Que no nos toquen las nostalgias personales
y las melancolías customizadas!

Eres mi carne, mi vida y mi cerebro,
decía Sorolla a Clotilde.
Una de las máximas expresiones del amor en pareja,
una de las mejores parejas de la historia.
Pero lo que ni siquiera ellos consiguieron
ser el uno para el otro fue aquello
en lo que conseguimos convertirnos
el resto de melancólicos anónimos:
en recuerdo.

Todos y todas tenemos una habitación secreta
que se abre girando un candelabro en la memoria.
Un rincón secreto donde habita una especie protegida:
lo que hubiésemos sido tú y yo salvaje.

Un animal al que es muy peligroso alimentar,
porque puede querer salir a comerse el mundo
y extinguirse al ver que ya no queda nada a lo que llamar
su hábitat natural, ahogándose por la falta de desaire.

Nunca volveremos a ser ese instante.

Una vez alguien me dijo que *a veces hay que estar*
en el lugar y en el momento exacto para verlo todo
como es realmente, y nunca volveremos a ese presente.

Ese durante,
ese con el corazón por delante,
esa hambre.

No se puede vivir del recuerdo,
pero celebro ese lugar en el que habita
una versión de nosotros, se sigue viviendo.

Sempiterno.

Vivencias idealizadas por un inexperto.
No lo intenten en sus casas.
Cualquier parecido con la coincidencia
es mera realidad.

Índice

Este libro
se terminó de imprimir
en el mes
de octubre de 2022